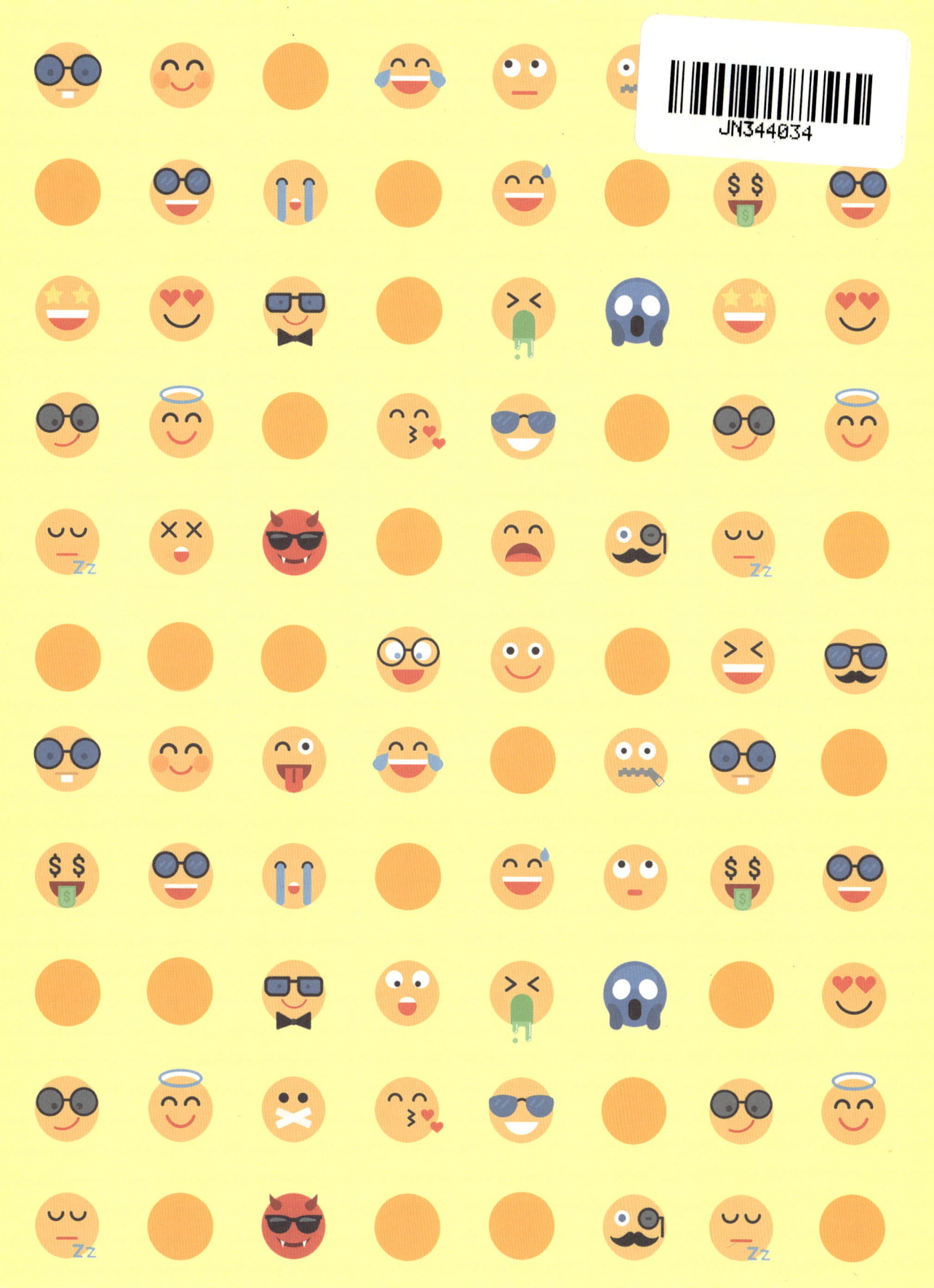

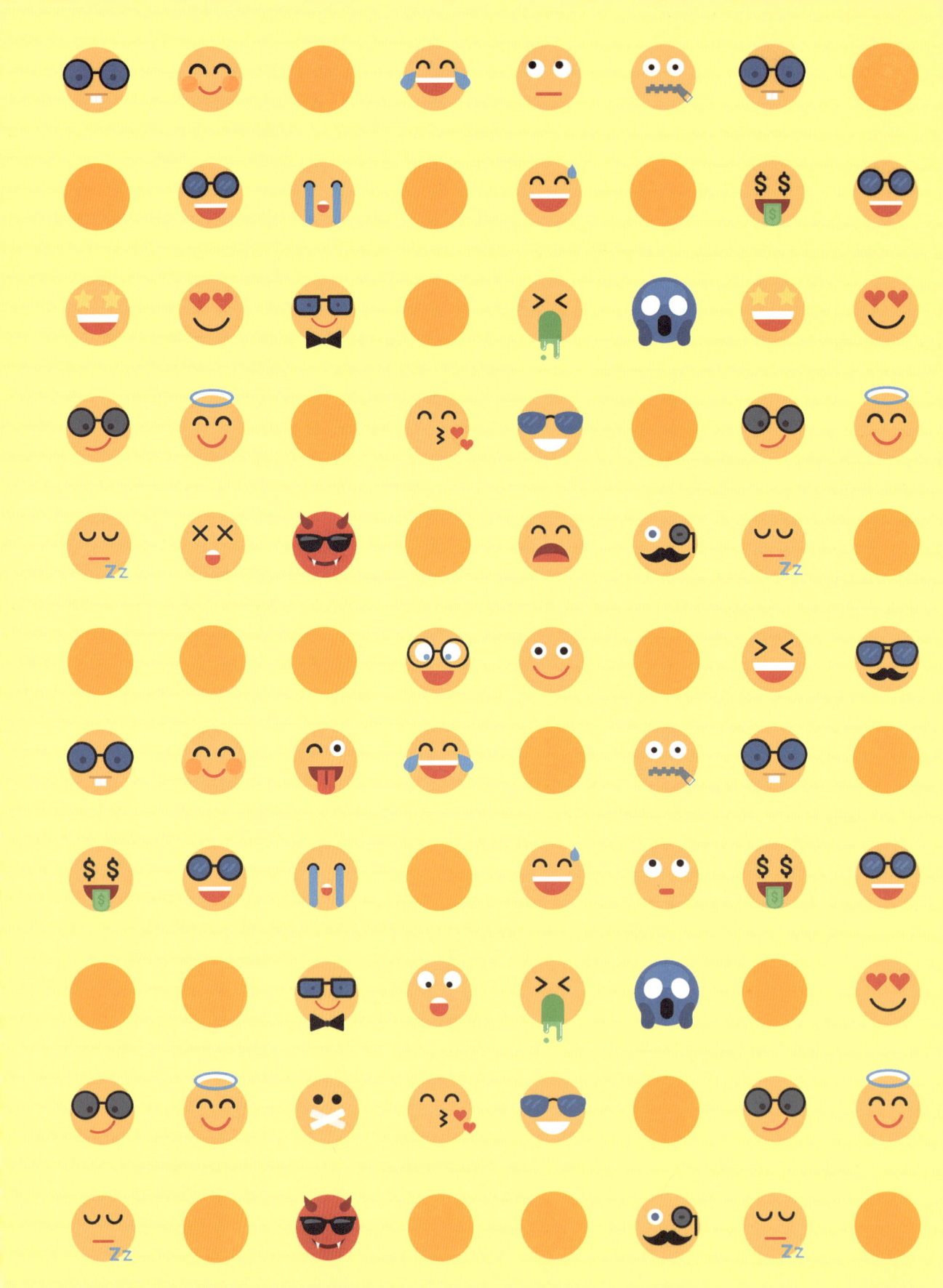

노아의 스마트폰

NOAH'S NEW PHONE

Copyright ⓒ 2017 by Rising Parent Media
All rights reserved.

Korean translation copyright ⓒ 2020 by Namuyaa Publisher
Korean translation rights arranged with EDUCATE AND EMPOWER KIDS
through EYA(Eric Yang Agency)

이 책의 한국어판 저작권은 EAY(Eric Yang Agency)를 통한 EDUCATE AND EMPOWER KIDS 사와의 독점계약으로 '도서출판 나무야'가 소유합니다. 저작권법에 의하여 한국 내에서 보호를 받는 저작물이므로 무단전재 및 복제를 금합니다.

노아의 스마트폰

1판 1쇄 발행 2020년 5월 10일 | 1판 2쇄 발행 2021년 6월 5일
지은이 디나 알렉산더 | **그린이** 제라 메르다드 | **옮긴이** 신수진 | **편집디자인** 이영아
종이 신승지류유통(주) | **인쇄** 상지사 P&B
펴낸곳 도서출판 나무야 | **펴낸이** 송주호 | **등록** 제307-2012-29호(2012년 3월 21일)
주소 (03424) 서울시 은평구 서오릉로27길3, 4층 | **전화** 02-2038-0021 | **팩스** 02-6969-5425
전자우편 namuyaa_sjh@naver.com | **ISBN** 979-11-88717-16-3 73370

- 이 책 내용의 전부 또는 일부를 재사용하려면 반드시 저작권자와 도서출판 나무야 양측의 동의를 받아야 합니다.
- 책값은 뒤표지에 표시되어 있습니다.

노아의 스마트폰

디지털 기술을 올바르게 사용하는 방법에 관한 이야기

디나 알렉산더 지음 ● 신수진 옮김 ● 김광희 감수

Namuyaa Publisher

● 이 책을 읽는 어린이들에게

나에게 스마트폰은
_____ 이다.

여러분은 위의 빈칸을 어떻게 채웠나요? 게임기, 항상 함께하고 싶은 것, 내 곁에 늘 있어 주는 친구, 모르는 것을 알려 주는 선생님 등 많은 것이 떠오를 거예요. 스마트폰이 세상에 나온 것은 2007년으로, 14살밖에 되지 않지만 우리 삶에 많은 영향을 끼쳤어요. 잠깐, 위의 답변을 다시 한번 보세요. 분명 하나의 기계인데 친구들마다 스마트폰을 다르게 생각하는 것은 그만큼 스마트폰으로 할 수 있는 것이 많기 때문이에요.

누구나 한 번쯤은 부모님 몰래 스마트폰을 하거나, 형이나 언니, 동생들과 스마트폰 때문에 싸운 적이 있었을 겁니다. 또는 스마트폰을 너무 많이 해서 눈이 아프거나, 부모님에게 혼난 적도 있을 테죠. 하지만 어떤 친구는 스마트폰을 통해 아파서 학교에 오지 못한 친구에게 "힘내"라는 메시지나 전화를 했을 수도 있고, 어떤 친구는 게임을 통해 친구들과 더 친해졌을 수도 있어요. 그렇다면, 스마트폰은 나에게 좋은 물건일까요, 나쁜 물건일까요?

 이 책에 나오는 '노아'라는 친구도 여러분과 같은 고민을 가지고 있어요. 노아의 이야기를 읽다 보면, 분명 나의 이야기 같기도 하고 아니면 내 친구 이야기 같기도 할 거예요. 이야기를 읽으며 '나라면 이럴 때 어떻게 할까?' 아니면 '내 친구가 노아라면 어떻게 도와줄까?' 생각해 보세요. 그러면 분명 스마트폰이 나에게 어떤 물건인지, 그리고 스마트폰을 어떻게 사용하면 좋을지에 대한 여러분의 답을 찾을 수 있을 거예요.

- **김광희**(서촌초등학교 교사)

노아는 눈앞에 펼쳐진 행운을
믿을 수가 없었어요.

부모님이 드디어 스마트폰을 사 주셨거든요.
"와, 너무 좋다!
나도 이제 친구들처럼 채팅도 하고 게임도 할 수 있어!"
노아는 정말 행복했어요.

매일 아침, 스마트폰에서 알람이 울리면
노아는 두근두근 잠에서 깼어요.
침대에서 미처 빠져나오기도 전에 가장 먼저 하는 일은
폰 화면을 넘기며 새로운 소식을 확인해 보는 것이었습니다.
스쿨버스를 타려면 이제 나가야 한다고
엄마가 부를 때까지요.

노아의 친구들은 다운로드할 새로운 게임들과
봐야 할 동영상들을 재빨리 알려 주었어요.

노아의 누나는 SNS에서 친구들과 유명한 연예인을
팔로우하는 법을 가르쳐 주었습니다.

어느 날 아침, 노아는 버스 정류장에 서 있다가
스마트폰에서 잠시 눈을 뗐습니다.
'내가 얼마나 오랫동안 폰을 들여다보고 있었던 거지?'
노아는 문득 궁금해졌습니다.

모두들 아무 말도 없이,
자기 스마트폰만 뚫어져라 보고 있었습니다.
아무도 서로 이야기를 나누지 않았습니다.
무언가 불편한 느낌이 가슴속을 콕콕 찔렀습니다.
'버스를 기다리는 동안
서로 이야기를 나눴던 게 도대체 언제였지?
다들 무슨 일이지?'
친구들이 평소와 달리 낯설게 느껴졌습니다.
'다른 친구들도 나를 그렇게 느낄까?
나한테도 이제 스마트폰이 있으니까?'
노아는 당황스러웠습니다.

노아는 지난 몇 주를 어떻게 보냈는지
되돌아보았습니다.

스마트폰 때문에
하루하루가 얼마나 달라졌는지 깨닫고
노아는 소스라치게 놀랐습니다.

스마트폰이 노아의 쉬는 시간을
바꿔 놓은 것입니다.

사람을 대하는 방식도
바뀌었습니다.

스마트폰은 '친구'에 대한 생각도
바꾸어 놓았습니다.

마음을 표현하는 방법도
바꾸어 놓았습니다.

예전에는 친구들과 함께
소리 내어 웃곤 했지만,
지금은 혼자서 'ㅋㅋㅋ'라고만
할 뿐입니다.

사실, 지난 몇 달 동안

심심할 때나

외로울 때나

왠지 기분이 좋지 않았을 때

늘 스마트폰으로 손을 뻗곤 했습니다.

그러지 않았던 적은

떠올릴 수가 없었습니다.

어렸을 때 늘 가지고 놀던
담요가 떠올랐습니다.

스마트폰은, 다 큰 아이들의 인공 젖꼭지인 걸까요?
기분을 풀어 주거나 위로해 주는 어떤 것?
가지고 노는 장난감?

노아는 부모님과 선생님들은 어떤지 생각해 보았습니다.

어른들에게도 스마트폰은 그저 인공 젖꼭지에
지나지 않는 걸까요?

버스가 다가왔을 때,
가슴속 불편한 느낌은 점점 더 강해졌습니다.
그때 문득 지난주 일이 떠올랐어요.
노아는 같은 반 친구가 점심 먹는 사진을 올리면서
'꿀꿀꿀'이라는 글을 달았습니다.

그 아이는 몹시 화가 난 것 같았고,
노아를 하루 종일 노려보았습니다.

노아는 눈을 어디에 둬야 할지 몰라
두리번두리번거렸습니다.
노아는 이런 생각들을 떨쳐 내려 애쓰면서
버스에 올랐습니다.

폰을 내려다보면서, 노아는 물병을 꺼내 물을 마시기 시작했습니다. 폰에 푹 빠져 있던 노아는 물이 새어 나와 바지를 적시는 것을 미처 알아차리지 못했습니다.

버스에서 내리려고 일어섰을 때, 어떤 형이 킬킬거리면서 바지가 젖었다고 손가락질을 했습니다. 노아는 가방으로 바지 앞을 얼른 가렸습니다.

교실에 도착했을 때,
노아는 서둘러 가방을 풀고 책상 앞으로
바싹 다가가 앉았습니다.
아무도 자기 바지가 젖은 것을 보지 못했기를
바라면서요.

바지는 곧 말랐고,
노아는 그 사건을 잊어버렸습니다.

점심시간이 되어 노아는 식당으로 갔습니다.
무심코 주위를 둘러보는데,
이상하게 가슴속이 계속 답답해졌습니다.
그제야 노아는 식당에 있는 아이들이 거의 다
자기를 보고 있다는 걸 깨달았습니다.

뒤를 돌아보았더니,
식탁 여기저기에 앉아 있는 아이들이
자기를 가리키며 킬킬대고 있었습니다.
당황스럽기도 하고 불편하기도 했지만,
노아는 식판을 받아들고
늘 앉던 자리에 가서 앉았습니다.

RollinTroller

RollinTroller   노아 오줌 쌌음!! 뭐야, 애도 아니고.

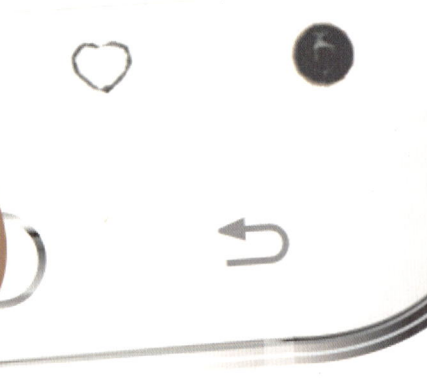

친구 미르가 노아한테로 다가오더니
스윽, 몸을 기댔습니다. "이거 봤어?"

노아는 미르의 스마트폰을 들여다보았습니다.
소름이 훅 끼쳤습니다. 온 세상 사람들 다 보라는 듯,
바지를 적신 채 버스 통로에 서 있는 노아의 사진이
SNS에 올라와 있었습니다.

사진 아래에는 이런 글이 달려 있었습니다.
'노아 오줌 쌌음!! 뭐야, 애도 아니고.'

노아는 가슴이 쿵 내려앉았습니다. 어지러웠습니다.
울음이 터질 것 같았습니다. 당장이라도 식당을 빠져나가
집까지 그냥 달려가고 싶었습니다.

"그냥 물병이 샜던 것뿐이야."
노아는 미르에게 더듬거리며 말했습니다.
"알아." 미르가 이해한다는 듯 말했습니다.
"내 물병도 가끔 새는데 뭐. 누군가 너한테 이런 짓을
했다니 나도 기분이 별로야."

노아는 식당을 둘러보았습니다. 다른 아이들이 노아를
바라보고 있었습니다. 어떤 아이들은 비웃는 듯했고,
또 어떤 아이들은 딱하다는 눈빛이었습니다.

"누가 이랬는지는 모르겠어." 미르가 말했습니다.
"저게 누구 계정인지 파악이 안 되거든."
그 계정을 클릭해 들어갔더니, 가짜 계정이라는 것을
알 수 있었습니다. 노아는 사람들이 때때로 이런 계정을
만든다는 걸 알고 있었습니다. 뭔가 떳떳하지 못한 글을
올릴 때 정체를 숨기는 것이지요.

"어떻게 할 셈이야?" 미르가 물었습니다.
"모르겠어." 노아가 대답했습니다.
이런저런 생각이 머릿속을 맴돌았습니다.
선생님에게 말해야 할까요?
부모님과 이야기를 나눠 봐야 할까요?

그날은 하루가 어떻게 지나갔는지 기억조차 흐릿합니다.
노아는 집에 와서도 엄마와 눈을 마주치지 않았습니다.
오늘 학교에서 어땠냐고
평소처럼 물어보는 엄마의 질문도 피했습니다.

노아는 혼자 방에 틀어박혔습니다.
오늘 하루를 생각하니 가슴이 쿵쾅거렸습니다.

노아는 이 세상에 혼자 외롭게 남겨진 것만 같았습니다.
스마트폰을 사용한 뒤부터,
노아는 친구들과 자주 놀러 나가지 않았습니다.
친구에게 전화를 걸거나, 친구네 집에 가고 싶은 마음도
별로 들지 않았습니다. 다들 숙제하느라, 운동하느라,
아니면 채팅을 하거나 스마트폰을 들여다보느라
바빠 보이기만 했거든요.

그리고…… 이런 생각들을 채팅으로 이러쿵저러쿵
말하고 싶지도 않았습니다.

노아는 학교에 가기 전이나 학교가 끝난 뒤 자신과 친구들이
얼마나 열심히 스마트폰을 들여다보는지 생각해 보았습니다.
노아는 숙제를 하는 중간중간에도, 숙제를 끝내고 난 뒤에도,
저녁밥을 먹고 나서도, 심지어 침대에 누워서도
계속 폰을 들여다보고 있었다는 걸 깨달았습니다.
그러다가 이제 자신은
누군가의 '웃음거리'가 되고 말았습니다.
어느새 저녁을 먹을 때가 되었지만, 노아는 아직 화가 나
있었습니다. 마치 가족이라 생각했던 강아지에게
물린 것 같은 배신감을 느꼈습니다.
이 모든 스마트폰과 태블릿들이 그저 좋기만 한 것인지
의심이 들었습니다. 그럼 스마트폰을 없애 버리면 될까요?
아뇨, 그러고 싶지는 않았습니다. 하지만, 이 새로운 기기를
쓰는 데는 뭔가 방법이 필요할 것만 같았습니다.

더 현명하고 좋은 어떤 방법이요.

엄마는, 노아가 아무 말도 없이 조용한 게 무언가
심상치 않다고 생각했습니다.
엄마는 노아에게 "무슨 일 있니?" 하고 물었습니다.
노아는 처음부터 끝까지 다 털어놓았습니다.

아이들이 모두 스마트폰만 들여다보는 으스스한 광경,
물병이 샜던 것, 누군가 사진을 SNS에 올린 일, 그리고
아주 끔찍했던 점심시간까지요.

노아가 이야기를 하면 할수록 아빠는 점점 더 화가 나는 듯
보였고, 엄마는 점점 더 마음 아파했습니다.
지난주에 노아가 다른 아이 사진을 올려서 문제를
일으켰지만, 엄마 아빠는 굳이 이 자리에서 그 사실을
말하지는 않았습니다.

엄마가 일어서더니
노아를 가만히 안아 주었습니다.

"이번 일, 어떻게 했으면 좋겠니?"
아빠가 물었습니다.

"아직 결정하지 못했어요." 노아는 솔직히 대답했습니다.
"저는 정말 이해가 안 가요. 스마트폰이랑 컴퓨터라는 것들이 다 이러라고 만들어진 걸까요? 게임을 하고, 동영상 보고, SNS에서 서로 놀리라고요?"

"이런 디지털 기기들로 할 수 있는 게 정말 그것뿐이라고 생각하는 거니?" 엄마가 차분하게 물었습니다.

"모르겠어요. 컴퓨터로 숙제를 할 수 있긴 하죠."
노아는 어깨를 으쓱하며 모르겠다는 표정을 지었습니다.

"노아, 잘 생각해 보렴." 엄마가 어깨를 토닥여 주었습니다.
"이런 첨단 기기로 할 수 있는 일들이 더 있지 않을까?"

다음 날 아침, 노아는 조금 두려운 마음으로
버스 정류장으로 향했습니다. 더 많은 아이들이 손가락질하고
비웃지 않을까 속으로 걱정했거든요. 하지만 늘 그랬듯이
모두들 자기 스마트폰에만 관심이 있을 뿐이었습니다.

노아는 머릿속으로 엄마의 질문을 떠올렸습니다.

"스마트폰으로 할 수 있는 일들이 더 있지 않을까?"

아무도 대화하고 싶은 분위기가 아니어서,
노아는 자기 폰을 꺼내 들고 SNS에 새로운 글이 올라온 것을
살펴보았습니다. 미르가 조금 전에 글을 올렸네요.
미르와 노아와 함께 찍은 셀카였습니다.

노아는 가슴속 답답했던 느낌이 조금은 풀렸습니다.

노아는 자기 사진을 올리기로 했습니다.
노아는 지난주에 미르를 비롯한 몇몇 친구들과
함께 찍은 사진을 찾았습니다.
늘 쓰던 한 줄짜리 설명 대신,
사진 속 친구들 한 사람 한 사람에게
진심 어린 칭찬의 말을 쓰고 태그를 달았습니다.

노아가 학교로 걸어가고 있을 때 스마트폰에서는
격려의 말들이 올라오기 시작했습니다.
노아가 있는 쪽으로 손가락질하거나 발길질하는 아이들이
몇몇 있기는 했지만, 답글을 다느라 바빠서
눈치를 채지도 못했습니다.

노아는 가슴속 불편했던 마음이
가벼워졌습니다.

친구들을 칭찬하는 데 스마트폰을 쓰는 건
그다지 힘든 일이 아니었습니다.
노아는 매우 놀랐습니다.
나의 작은 선택 하나가 나의 하루에
얼마나 큰 영향을 끼치는지 알게 되었거든요.

과학 시간에, 노아는 수천 광년이나 떨어져 있는
초신성과 행성들 사진을 인터넷으로 찾았습니다.

사회 시간에는 다른 지역 친구들을
온라인 화상 채팅 프로그램으로 연결해 수업을 했습니다.

점심시간에는 친구들과 함께 마인크래프트 동영상을
보면서 어떻게 하면 멋진 마을을 건설할 수 있는지
살펴보고는 한껏 흥분했습니다.

학교가 끝난 뒤 한 친구가 숙제를 도와달라고 했을 때,
노아는 아주 쓸모 있는 최신 앱을 알려 주었습니다.

노아가 학교에서 돌아왔을 때,
엄마는 평소처럼 오늘 하루 어땠는지 물었습니다.

"이제 괜찮아졌어요." 노아가 말했습니다.
"어젯밤 내 질문은 생각해 봤고?" 엄마가 물었습니다.

그날 하루를 돌아보자,
노아의 얼굴에는 씨익, 웃음이 번졌습니다.

"네, 생각해 봤어요." 노아가 말했습니다.
"있잖아요, 엄마. 스마트폰 자체는 좋은 것도 아니고
나쁜 것도 아니에요. 그렇죠?"

"그렇지." 엄마가 웃으며 대답했습니다.
노아도 고개를 끄덕였습니다.

"그건, 내가 어떻게 사용하느냐에 따라
완전히 달라지는 문제예요."

오늘 하루,
여러분은 스마트폰을 어떻게 사용해서

멋진 하루를 만들고 싶나요?

● 부록

김광희 선생님의
디지털 시민성 교육 워크북

이 워크북은 원서의 내용을 토대로 우리 상황에 맞게 수정 보완한 것입니다.
더불어 새로운 활동도 추가하여 아이들이 자신의 미디어 생활을 성찰하고
디지털 시민으로 한 발 더 다가설 수 있도록 하였습니다.

교사와 학부모를 위한 도움말

우리는 디지털 기술로 가득한 세상을 만들어 냈습니다. 모든 사람들이 그 영향력 아래 있지요. 어린이들도 다르지 않습니다. 채팅을 할 때, 이메일을 보낼 때, SNS에 글을 올릴 때, 다른 사람들과 온라인에서 게임을 할 때 새로운 디지털 기술은 우리 삶에 잔잔한 파장을 일으키게 됩니다. 실제 생활에서와 마찬가지로 인터넷에서도 사람들에게 좋거나 나쁜 영향을 끼칠 수 있는 것입니다. 누군가가 지켜보든 그렇지 않든, 인터넷에서도 실제 생활에서도 우리는 다른 사람이 아니라는 것을 잊어선 안 됩니다. 이 책을 잘 활용하기 위한 방법은 아이들과 읽고 나서 함께 토론해 보는 것입니다. 이 책에 있는 토론거리 외에 또 다른 교육 활동은 무엇이 있을지 생각을 나눠 보는 것도 좋습니다. 이러한 방식의 활동을 더 많이 할 수 있다면, 아이들의 경험과 배움의 폭은 훨씬 넓어질 것입니다.

디지털 시민이란?

디지털 세상을 살아가는 시민을 디지털 시민이라고 합니다. 디지털 세상은 지금처럼 스마트폰이나 컴퓨터가 우리 생활에 큰 영향을 끼치는 곳을 말합니다. 그럼 우리는 모두 디지털 시민일까요? 그럴 수도 있고 그렇지 않을 수도 있습니다. 왜냐하면 단순히 '디지털 세상에 살고 있다'고 해서 디지털 시민이 되는 것은 아니기 때문입니다. 디지털 시민이 되기 위해서는 우리 손에 쥐어진 디지털 기기, 스마트폰을 바르게 사용하고 있어야 합니다. 스마트폰에 대해 충분히 알지 못한다면, 나와 주변 사람에게 큰 상처를 주게 될 수도 있답니다. 댓글로 한 사람을 죽음으로 몰아갈 수도 있고, 내가 올린 잘못된 정보로 많은 사람이 피해를 받을 수도 있습니다. 디지털 기술 및 정보를 비판적으로 이해하고, 다른 사람을 존중하고 배려하며, 자신이 속한 공동체를 더 나은 곳으로 만들기 위해 노력하는 자세가 필요합니다.

소셜 미디어(SOCIAL MEDIA)

사람들이 정보를 공유할 목적으로, 또한 개인적 차원과 직업적 차원에서 인간관계를 발전시켜 나갈 목적으로 만든 웹사이트와 앱, 페이스북, 인스타그램, 핀터레스트, 스냅챗, 트위터 등이 소셜 미디어의 사례들입니다. 우리는 인터넷에서도 사람들을 만나 영상이나 사진을 올릴 수 있고, 댓글을 달거나 이야기를 나눌 수 있습니다. 이렇게 자신의 생각이나 느낌을 나누고 공유하는 곳을 소셜 미디어 또는 SNS 라고 합니다. SNS는 소셜 네트워크 서비스(Social Network Service)의 준말입니다. 우리가 많이 사용하는 SNS에는 유튜브, 페이스북, 틱톡 등이 있습니다.

함께 토론해 보세요

 노아는 열한 살 생일 선물로 스마트폰을 받았습니다.

- 여러분이 생각하기에 스마트폰을 처음 사용하기에 알맞은 나이는 몇 살일까요?

- 버스 정류장에서 스마트폰에 빠져 있는 다른 아이들을 보았을 때, 뭔가 불편한 느낌이 노아의 가슴속을 콕콕 찔렀습니다. 왜 그랬을까요?

노아가 '꿀꿀꿀' 하고 놀린 아이와 노아의 젖은 바지 사진을 올린 아이가 같은 친구라고 상상해 보세요.

- 그 아이의 행동은 올바른 것이라고 생각하나요?

- 누군가 SNS에 여러분의 부끄러운 모습이 담긴 '굴욕 사진'을 올린다면, 여러분은 어떻게 할 건가요?

- 여러분은 학교에서 힘든 일이 있을 때 도와주고 응원해 줄 미르 같은 친구가 있나요? 있다면, 언제 어떤 일이 있었는지 이야기해 보세요.

노아는 자신의 '굴욕 사진'으로 망신을 준 친구에게 앙심을 품고, 누군지 밝혀낼 수도 있었습니다.

- 하지만 노아가 그렇게 하지 않고 전혀 다른 글을 올리기로 한 이유는 무엇이었을까요? 그때 노아는 어떤 감정을 느꼈을까요?

- 여러분이라면 어떻게 했을까요?

디지털 기술의 힘

■ 스마트폰을 가지고 있으면 좋은 점이 많습니다. 언제든 인터넷에 접속할 수 있으니 가족이나 친구들과 연락하기도 그만큼 편해집니다. 더 많은 사람과 온라인으로 연결되기 때문에 연예인이나 운동선수, 과학자, 피아니스트 등 누구와도 소통할 수 있습니다. 숙제할 때나 여행 계획을 짤 때도 인터넷에 접속하여 필요한 정보를 쉽게 얻을 수 있습니다.

- 인터넷에서 할 수 있는 것은 또 무엇이 있을까요?

- '온라인'과 '오프라인'은 무슨 뜻이고 어떻게 다를까요?

- 스마트폰이 나의 생활에 어떤 영향을 주었는지 되돌아보면서 여러분의 생각을 표현해 보세요.

(+) 스마트폰과 나	(−) 스마트폰과 나
- 더 쉽고 편하게 할 수 있는 일이 있나요? ( )	- 더 불편해지고 어려워진 일이 있나요? ( )
- 더 좋아진 점이 있나요? ( )	- 더 나빠진 점이 있나요? ( )

(?) 스마트폰과 나	- 그밖에 좋지도 나쁘지도 않은 점도 있나요? ( )

■ 노아는 스마트폰으로 다른 사람을 웃음거리로 만드는 일이 어렵지 않다는 것을 알게 되었습니다.

- 디지털 기술을 이용해서 다른 사람에게 피해를 끼치는 뉴스들이 갈수록 많아지고 있습니다. 아래 단어와 관련하여 떠오르거나 들은 사건이 있나요? 어떤 사건이었는지 이야기해 보세요. 이밖에도 다른 사람에게 피해를 끼치는 일들에는 무엇이 있을지 생각해 보세요.

> 해킹, 악성댓글, 보이스 피싱, 아이템 사기, 사이버 폭력, 디지털 성범죄

■ 노아는 SNS의 새 글을 보다가 스마트폰으로 할 수 있는 일이 아주 많다는 것을 깨달았습니다.

- 다른 사람을 놀림감으로 만드는 일 말고, 노아가 직접 해 본 일은 무엇인가요?

- 여러분이 스마트폰, 태블릿, 컴퓨터 같은 디지털 기기를 활용하여 할 수 있는 일에는 어떤 것들이 있을까요?

- 스마트폰에는 다양한 어플리케이션(앱)들이 있어요. 여러분이 많이 사용하거나 좋아하는 앱은 무엇인가요?

- 여러분이 새롭게 만들고 싶은 앱이 있나요? 실제로 2020년에는 학생들이 '코로나19'와 관련한 앱을 만들어서 많은 사람들에게 도움을 주었답니다. 아래의 질문을 참고해서 나만의 앱을 생각해 보세요.

이미지 출처 - ⓒhttp://coronamap.site

| 나만의 앱을 만들어 보면 어떨까요?

❶ 평소 생활하면서 뭔가 불편한 것이 있었나요? 구체적으로 떠올려 보세요.
(   )

❷ 스마트폰으로 이 문제를 해결할 수 있다면, 어떤 앱이 필요할까요?
(   )

❸ 앱에 어떤 기능이 있으면 좋을까요?
(   )

❹ 앱은 어떤 디자인이면 좋을까요?
(   )

■ 디지털 기술의 발전으로 이메일 혹은 SNS를 통해서 대통령이나 국회의원, 시장, 좋아하는 작가 등 여러 분야의 영향력 있는 사람들과 접촉하기가 쉬워졌습니다.

- 여러분이 접촉하고 싶은 사람은 어떤 사람인가요?

- 그 이유는 무엇인가요?

■ 인터넷 홈페이지나 게시판, SNS를 통하면 여러분이 관심 있는 문제들, 예를 들어 동물 학대나 환경 문제 등에 대해 같은 고민을 하는 사람들과 의견을 나눌 수 있습니다.

- 여러분은 요즘 어떤 주제에 관심을 가지고 있나요?

- 관심 있는 주제를 인터넷이나 SNS에 검색하여 보세요. 그리고 나와 같은 관심이 있는 사람들이 모이는 곳을 찾아보세요.

- 그곳에서는 어떤 말들을 주로 나누고 있나요?

- 주변 사람들에게 도움을 주기 위해 그곳 사람들과 어떤 일을 할 수 있을까요?

■ 인터넷에서든 실제 생활에서든, 우리의 말과 행동은 주변에 크고 작은 영향을 끼칩니다. 그래서 SNS에서도 나의 말과 행동을 바르게 해야 합니다. 누군가를 배려하고 칭찬하는 말을 하고 나와 의견이 다르더라도 존중하는 마음을 가져야 합니다. 또 만약 누군가가 SNS에서 괴롭힘을 당하고 있다면, 반드시 주변 어른들에게 알려야 합니다.

- 스마트폰을 통해 다른 사람을 돕거나 의욕을 북돋아 주는 등 좋은 영향을 미치는 방법에는 무엇이 있을까요?

- 여러분은 실제 생활에서의 모습과 인터넷에서의 모습이 같은가요?

- 디지털 기술은 힘이 아주 강력합니다! 여러분은 디지털 기술로 이 세상을 어떻게 변화시킬 수 있을까요?

건강하게
스마트폰 이용하기

■ 스마트폰을 비롯한 디지털 기기를 활용하면 채팅하기, 문자로 정보 전달하기, 게임하기, 이메일을 보내거나 SNS에 글 올리기, 숙제하기, 뉴스 보기 등 다양한 일을 할 수 있습니다. 하지만 어떤 사람들은 스마트폰이나 모니터 화면 앞에서 너무 많은 시간을 보내기도 합니다.

- 스마트폰이나 컴퓨터를 하루에 몇 시간 정도 쓰는 것이 좋다고 생각하나요?

- 여러분은 주로 스마트폰에서 어떤 앱을 사용하는지 생각해 보세요. 그리고 그 앱을 하루에 얼마나 사용하는지 시간을 기록해 보세요.

앱 이름	예) 카카오톡			
사용 시간	예) 30분			

- '디지털 기기 없이' 보내는 시간이 있나요? 예를 들어, 저녁 식사 시간에는 스마트폰과 태블릿을 치워 놓나요?

- 나의 하루를 되돌아봅시다. 그리고 하루를 어떻게 보내고 있는지 생활계획표를 그려 보세요. 나의 하루를 보며 디지털 기기 없이 보내는 시간은 언제인지 찾아보세요.

이미지 출처 - ⓒhttps://www.kidsfree.co.kr

■ 이 책에서 노아는 심심할 때, 외로울 때, 슬플 때, 그리고 기분이 안 좋을 때마다 스마트폰을 들여다보고 있다는 것을 깨달았습니다.

- 여러분도 노아처럼 스마트폰을 사용할 때가 있나요? 있다면, 아래 빈칸을 채우며 자신의 경험을 생각해 보세요.

내 기분이 (심심할 / 외로울 / 슬플 / 화가 날)때
나는 스마트폰으로 (   ) 한다.
내 기분은 (   )게 된다.

\- 만약 스마트폰을 사용하고도 기분이 나아지지 않았다고 상상해 보세요.
  어떻게 하면 기분이 나아질 수 있을까요?

_____

■ 아이들은 물론 어른들까지도 스마트폰, 태블릿, 컴퓨터로 게임을 하느라 많은 시간을 보내고 있습니다.

여러분도 게임을 하고 있나요? 그렇다면 어떤 게임을 하고, 하루에 시간을 얼마나 쓰고 있나요?

_____

\- 게임을 많이 하고 나면 어떤 기분을 느끼나요?

_____

\- 게임을 하면서 무언가를 배운다는 게 가능할까요?

_____

\- '마인크래프트'처럼 무언가를 만들어 내는 게임은 가치가 있다고 생각하나요?

_____

\- 형제자매나 가족이 함께 게임을 하면 사이가 더 좋아질 수 있을까요?

_____

\- 게임을 하면 긍정적인 대응 능력, 예를 들어 휴식을 취할 수 있다거나 중간중간 스트레스를 풀 수 있는 힘이 길러질까요?

_____

- 오늘날에는 거의 모든 사람이 스마트폰을 가지고 있습니다. 하지만 여러분의 부모님이 초등학생일 때만 해도 세상에는 스마트폰이 없었습니다. 물론 컴퓨터도 많지 않고 반에서 몇몇 친구들만 가지고 있었습니다.

- 스마트폰이 없던 시절에 부모님들은 어떻게 생활했을까요?
  다음에 관하여 부모님과 이야기해 보세요.

> **학교 끝나고 친구와 연락하기, 내가 모르는 숙제하기, 친구와 놀기**

_____

_____

- 스마트폰이 없던 시절과 지금을 비교해 보세요. 그때와 비교해서 더 좋아진 점, 더 나빠진 점에는 무엇이 있을까요?

_____

_____

- 만약, 초등학교 시절을 다시 보낸다면 스마트폰이 있는 시절과 없는 시절 중에 어느 시절에 살고 싶은지 부모님과 이야기해 보세요.

_____

_____

인터넷에서의 안전 문제

■ 이제는 어린이들도 디지털 기술을 자유롭게 접하고 사용할 수 있게 된 만큼 폭력이나 선정적인 이미지, 온라인 범죄에도 쉽게 노출되고 있습니다.

- 여러분은 스마트폰에서 폭력적이거나 선정적인 이미지를 본 적이 있나요?

- 여러분은 학교에서 안전한 인터넷 사용법에 대해, 또한 인터넷에서 벌어질 수 있는 위험한 일들에 대해 배우고 있나요? 가정에서는 부모님과 이런 문제에 대해 대화를 나눈 적이 있나요?

■ 범죄자들은 어린이가 있는 곳이라면 어디에든 있게 마련입니다. 그리고 지금 이 시간에도 전 세계의 많은 어린이들이 인터넷에 접속하고 있습니다.

- 어린이들은 어떤 범죄에 가장 많이 노출되고 있을까요? 뉴스에 소개된 사례들을 찾아보면서 이야기해 보세요.

- 어떻게 하면 우리 자신을, 그리고 우리의 개인 정보를 범죄자들로부터 보호할 수 있을까요?

■ 학교나 가정에서의 디지털 시민성 교육이 점점 중요해지고 있습니다.
  연령에 따른 적절한 인터넷 사용법과 이용 시간에 대해 토론하고
  가이드라인을 정하는 것이 중요합니다.

- 어린이들이 스마트폰을 갖게 되거나 SNS를 이용하기에 적절한 나이는
  몇 살일까요?

- 집이나 학교에서 디지털 기기를 사용하는 적절한 방법과 행동은
  어떤 것일까요?

- SNS의 적절한 이용법과 예절은 무엇일까요?

- 디지털 기술에 지나치게 의존하면 어떤 위험이 따를까요?

- 인터넷 공간에서도 친구에게 하는 단순한 장난과 폭력은 완전히 다릅니다.
  이 두 가지의 가장 큰 차이점은 무엇일까요? 그리고 장난이 괴롭힘으로
  변할 때는 언제인가요?

디지털 시민으로
태어나고 거듭나기

■ 이제부터는 친구나 가족과 함께 바람직한 미디어 활동을 직접 해 보는 건 어떨까요? 자신이 할 수 있는 과제를 선택해서 실천해 보세요.

❶ '일주일 동안은 무조건' SNS에 좋은 이야기만 올려 보세요. 이를 통해 가족이나 친구들과 행복감을 나누고, 서로에게 필요한 정보를 제공하거나 재미있는 이야기를 공유해 보는 것도 좋습니다. 그 뒤 어떤 변화가 있는지 자세히 기록해 보세요.
(   )

❷ 여러분의 스마트폰에는 어떤 게임이 있나요? 혹시 다른 친구에게 권할 만하거나 함께할 수 있는 게임이 있는지 찾아보세요. 그리고 어떤 게임인지 설명해 보세요.
(   )

❸ 친구들끼리 서로를 칭찬하거나 격려하기 위해 사용할 페이스북 혹은 인스타그램 계정을 새로 만들어 보세요.
(   )

❹ 어려운 처지에 놓인 사람들, 예를 들어 난민이나 노숙자, 굶주리는 어린이에 대해 생각하게 해주는 동영상이나 글을 검색하고 공유해 보세요.
(   )

■ 아래 사진은 서울시 페이스북에 올라와 있는 손글씨 캠페인입니다.
  SNS를 통해 코로나19 극복을 위해 따스한 말을 쓰고, 사진을 찍어
  친구들에게 공유하는 운동입니다. 스마트폰을 이용하여 우리는 세상을
  더 나은 곳으로 변화시킬 수 있습니다. 이렇게 여러분이 직접
  참여할 수 있는 프로젝트나 캠페인을 찾아보세요.

캠페인 참여 방법

❶ "함께 이겨낸 역사, 함께 이겨낼 오늘" 손글씨 또는 코로나19 극복을
   위한 응원 메시지 사진·영상 찍기

❷ 해시태그 #함께이겨낸역사 #함께이겨낼오늘 #이겨내요코로나19를
   달고 업로드!

❸ 다음 릴레이 주자들 태그하기 @@@
   ☞ 누구라도 릴레이의 시작이 될 수 있어요! 지목되지 않으신 분들도
   참여해 주세요!!

이미지 출처 - ⓒhttps://www.facebook.com/seoul.kr/posts/2733125603407934

■ 청와대 홈페이지에 있는 '국민 청원 게시판'에 대해 들어보셨나요?
우리 고장, 지역, 나라에 꼭 필요하지만 나 혼자서는 해낼 수 없는
일들을 건의하는 게시판이에요. 그중 해결할 수 있는 일들에는 나라에서
실제로 도움을 주고 있어요. 그럼 우리도 한번 해 볼까요?
다음 물음에 답하면서 도전해 보세요.

❶ 여러분이, 그리고 여러분 친구들이 가장 힘들어하는 일은 무엇인가요?

❷ 이 문제가 해결되기 위해서는 무엇이 바뀌어야 하나요?

청원제목

청원제목을 입력해주세요.

카테고리

카테고리를 선택해주세요. ⌄

청원내용

이미지 출처 - ⓒhttps://www1.president.go.kr/petitions/Step2

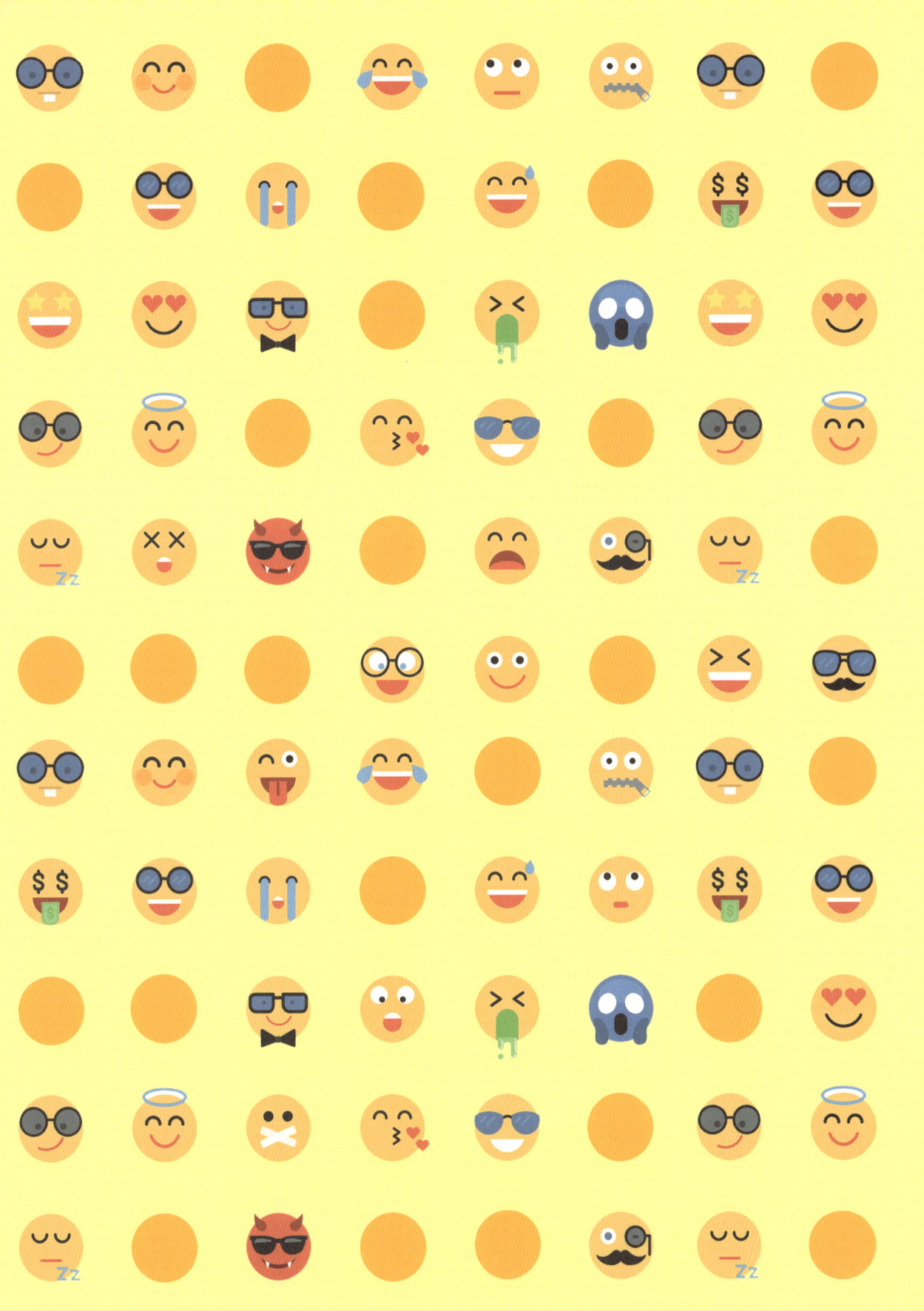

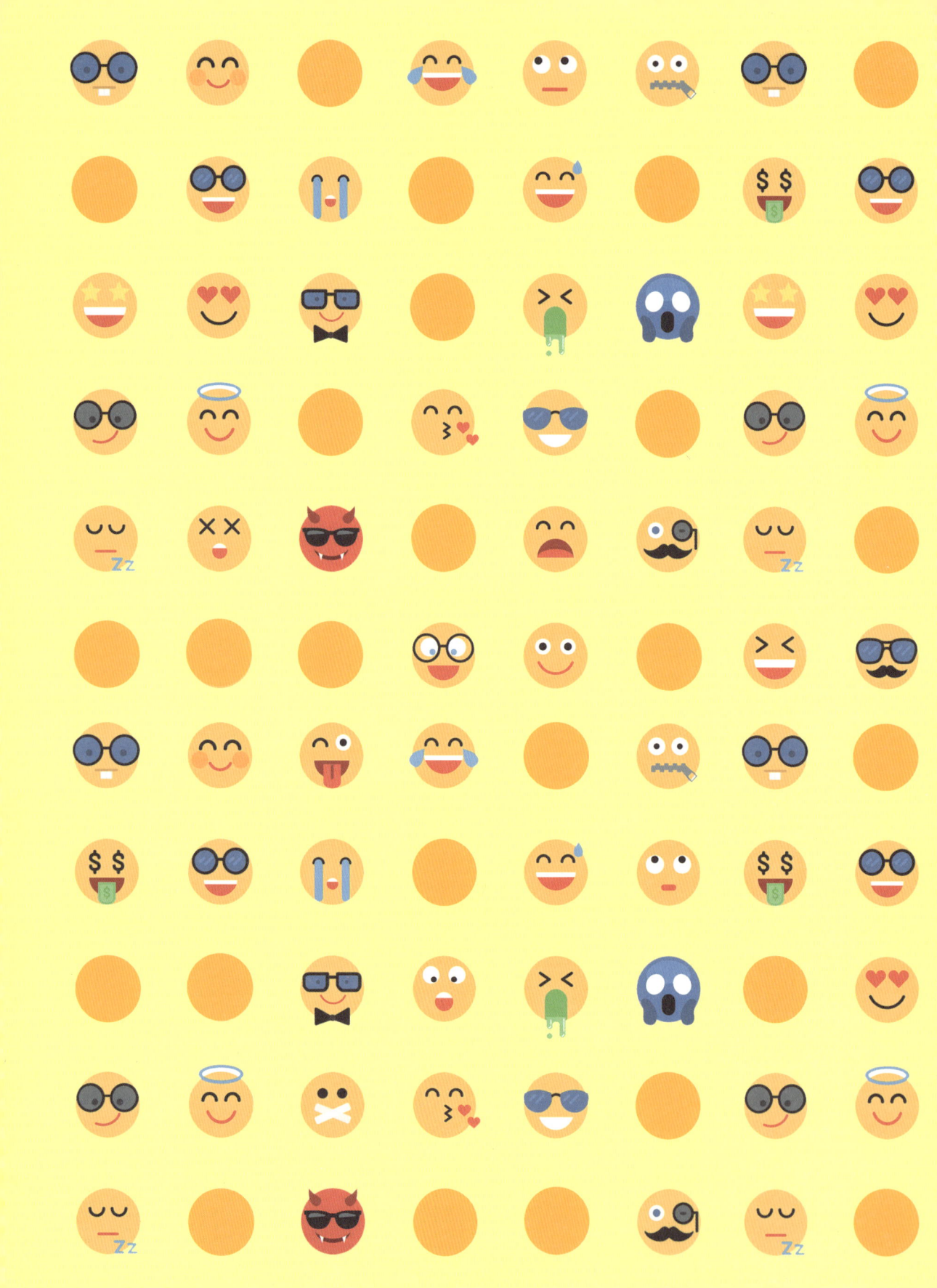